U0599525

"健康素养 条"学生读物

小学生
健康知识读本

（小学五、六年级适用）

国家卫生健康委宣传司 | 组织编写

人民卫生出版社
·北 京·

版权所有，侵权必究！

图书在版编目（CIP）数据

"健康素养66条"学生读物．小学生健康知识读本
小学五、六年级适用 / 国家卫生健康委宣传司组织编写 .
北京 ：人民卫生出版社，2025. 1. -- ISBN 978-7-117-
37496-5

Ⅰ. G627.9

中国国家版本馆 CIP 数据核字第 2025DE2290 号

| 人卫智网 | www.ipmph.com | 医学教育、学术、考试、健康，购书智慧智能综合服务平台 |
| 人卫官网 | www.pmph.com | 人卫官方资讯发布平台 |

"健康素养 66 条"学生读物
——小学生健康知识读本
（小学五、六年级适用）
"Jiankang Suyang 66 Tiao" Xuesheng Duwu
—— Xiaoxuesheng Jiankang Zhishi Duben
（Xiaoxue Wu、Liu Nianji Shiyong）

组织编写：国家卫生健康委宣传司
出版发行：人民卫生出版社（中继线 010-59780011）
地　　址：北京市朝阳区潘家园南里 19 号
邮　　编：100021
E - mail：pmph @ pmph.com
购书热线：010-59787592　010-59787584　010-65264830
印　　刷：天津市光明印务有限公司
经　　销：新华书店
开　　本：787×1092　1/16　　印张：6.5
字　　数：103 千字
版　　次：2025 年 1 月第 1 版
印　　次：2025 年 2 月第 1 次印刷
标准书号：ISBN 978-7-117-37496-5
定　　价：35.00 元

打击盗版举报电话：010-59787491　E-mail：WQ @ pmph.com
质量问题联系电话：010-59787234　E-mail：zhiliang @ pmph.com
数字融合服务电话：4001118166　　E-mail：zengzhi @ pmph.com

《"健康素养66条"学生读物——小学生健康知识读本（小学五、六年级适用）》

编写委员会（按姓氏笔画排序）

王彤　王剑　王冀　王正中　王达辉　王菁菁
王雪凝　戈允申　方越　史晓誉　乐坤蕾　朱珍妮
朱奕奕　任佳　刘曜　刘洪霞　米锋　孙力菁
孙墨竹　李新华　杨金柳行　杨瑜麟　肖筱　吴寰宇
沈晓沛　宋琪　张晶　陆丽娜　陆昕悦　陆韬宏
陈栋　陈鸿婷　武晓宇　范俊华　罗智文　孟妍
赵黎明　钟娜　施阳　姜综敏　聂晓绚　贾二歌
钱闯　徐蔚　徐碧瑶　高晶蓉　唐文娟　诸广宇
黄卓英　黄智勇　梅莉莉　崔元起　续琨　彭雅君
谢斌　薛博宇　魏晓敏

审核专家（按姓氏笔画排序）

于康　王荃　王华庆　王松灵　吉训明　李珺
李长宁　杨月欣　杨甫德　罗春燕　赵文华　祝益民
贾伟平　徐丛剑　徐建国　梁万年　魏文斌

绘图（按姓氏笔画排序）

吴凯迪　沙雯　唐云龙

前 言

同学们，欢迎打开这本书，让我们一起走进健康课堂！

健康是人生最宝贵的财富。培养健康的生活方式和良好的行为习惯，不仅关系到我们当前的生活质量，更是未来健康人生的基石。小学五、六年级正是养成健康生活习惯的过渡期，在快速成长的当下，同学们的身体和心理都开始发生显著变化，所以既需要科学的健康知识来帮助自己度过身体发育的青春期，也需要在心智和行为上获得支持，培养自我保护能力和良好的心理素质。为此，本书从健康生活方式、身体健康、心理健康、基本技能等方面，帮助大家全面提升健康素养。

本书参考《中国公民健康素养——基本知识与技能（2024年版）》（简称"健康素养66条"）中的核心内容，将带领同学们认识生活中常见的饮食卫生安全问题，学习基本的运动知识，掌握运动损伤的处理方法，了解家庭常备药品的种类与安全使用等；还介绍了电子烟的危害，帮助大家识别电子烟，拒绝第一支烟，远离烟酒和毒品。值得一提的是，本书特别关注儿童青少年视力保护、脊柱发育和口腔健康。同时，本书介绍了青春期个人护理知识，帮助同学们正确理解生长发育特点，科学管理体重，保持健康体型。此外，本书还将带领同学们认识各种呼吸道和肠道传染病的传播及预防知识，并深入讲解蚊、蝇、鼠、蟑螂等病媒生物的危害及防范措施，帮助同学们建立良好的环境卫生习惯。

掌握心理健康知识和基本安全技能，同样是本书的核心内容，同学们将学习如何增强心理韧性，坦然面对困难与挫折。此外，书中还提供了丰富的安全知识和急救技能，涵盖腹部冲击法、溺水预防、生命体征识别、正确使用消毒产品、妥善放置农药等，不仅可增强自我保护意识，也为紧急情况发生时提供重要的安全保障。

　　希望通过本书的学习，同学们能在日常生活中将健康知识融入自己的行为习惯，逐步养成健康的生活方式，真正成为自己健康的"第一责任人"。健康不仅是个人的责任，也是对家庭、社会和国家的贡献。让我们从小做起，为实现"健康中国"共同努力，贡献属于我们的一份力量！

本书编写委员会

2024 年 11 月

目 录

一、健康生活方式

二、身体健康

三、心理健康

四、基本技能

健康生活方式

　　本单元共有 7 个主题，围绕日常健康行为和生活方式展开，我们将学习饮食、运动、睡眠、卫生习惯、科学就医、戒烟限酒、无偿献血等相关基础知识，了解健康行为和健康习惯的重要性，将健康行为融入日常生活中，提升我们的健康素养，养成受益终身的好习惯。

01 食品标签怎么看

 **互动导入**

　　小明和他的好朋友小丽决定一起动手做健康午餐。他们兴奋地跑到超市，面对食品架上琳琅满目的商品，却突然犯了难。小明拿起一包薯片，看看包装，又拿起一瓶果汁端详，上面的文字密密麻麻，让人看了头疼。这时，小丽说："小明，你知道吗？每样食品都有自己的'秘密档案'，就藏在标签里呢！只要学会看这些标签，我们就能变成食品'小侦探'，挑选出健康的食物啦！"

 **知识点**

1. 什么是食品标签

　　食品标签是书写、印制或附加在食品外包装上的标牌及其他说明物。食品标签上标有配料（表）、净含量、生产日期、保质期、贮存方法、适用人群和食用方法、营养成分表、营养声称、营养成分功能声称等体现食品营养特征的信息。通常有包装的食品上都印有食品标签，就连普通的饮用水瓶上也有食品标签。

2. 学会看食品标签是了解食品的主要原料、鉴别食品组成的最重要途径

　　（1）看配料（表）：配料（表）按照制造或加工食品时成分加入量的递减顺序一一列出成分，排在前面的通常是主要成分。一般由食物主要原料、辅料、食品添加剂等组成。比如我们选择饮料时，应阅读食品标签，看看里面是否添加了糖，可以帮助我们选择无糖或少糖的饮料。

食品标签

用量递减

配料：小麦粉、白砂糖、花生油、棕榈油、鲜鸡蛋、乳粉、食品添加剂（碳酸氢铵、碳酸氢钠、焦亚硫酸钠、特丁基对苯二酚）、碳酸钙
贮存方法：请置于阴凉干燥处
保质期：8 个月
生产日期：见包装正面

食品标签

（2）看营养成分表：包装上采用三列表形式标示的是营养成分表，说明每100克（或每100毫升）食品提供的能量，以及蛋白质、脂肪、碳水化合物、钠等营养成分的含量。

营养成分表

项目	每 100 克（g）	营养素参考值 %
能量	1 611 千焦（kJ）	19%
蛋白质	8.0 克（g）	13%
脂肪	10.0 克（g）	17%
碳水化合物	65.0 克（g）	22%
钠	150 毫克（mg）	8%
钙	300 毫克（mg）	38%

营养成分表

（3）看营养声称：有时候食品包装上会有"低糖""无脂""高纤维"等字样，这些叫作营养声称。

3. 数字时代新标签

食品数字标签通过二维码等形式展示食品的标签信息，同学们可以用手机等移动设备扫描食品标签上的二维码，就能查询数字标签中的食品标签信息。相较于传统标签，数字标签没有标示版面的限制，我们可以通过页面放大、语音识读、视频讲解等多种功能，更便捷地阅读到食品信息，提升体验感。目前，数字标签已经可以在部分预包装的食品上看到啦！

配料：

贮存方法：

保质期：

生产日期：

二维码

食品数字标签

启发思考

1. 和家人一起，选择家里一种常见的预包装食品，比如牛奶、饼干或酸奶，一起阅读并讨论它的食品标签。

2. 找一找身边食品包装上的数字标签，看一看你通过数字标签能获得哪些信息呢？

运动受伤有办法

啊！我的脚扭啦！

运动损伤

你和李明遇到过一样的扭伤（闭合性软组织损伤）情况吗？

1. 受伤后的第一反应

教练立即示意其他学生保持冷静，并检查李明的脚踝，以评估伤势。即使是轻微的扭伤也不应忽视，应立即停止所有活动，询问伤者感受，并避免对受伤部位施加压力。

2. 冰敷、绷带方法及注意事项

一名队友拿来急救包，教练开始给李明的脚踝做冰敷。

冰敷可以减轻受伤部位的肿胀和疼痛，应每次冰敷 10~15 分钟，根据情况，可每隔 3~4 小时 1 次，持续 2~3 天。注意不要将冰直接放在皮肤上，以免造成冻伤。

| 毛巾 | 放入冰块 | 包裹住冰块 | 敷在脚踝处 |

正确的冰敷方法

可用绷带对受伤部位进行加压包扎，绷带应从脚踝下方开始，逐渐向上包裹至整个脚踝，保证压力均匀且不过紧。

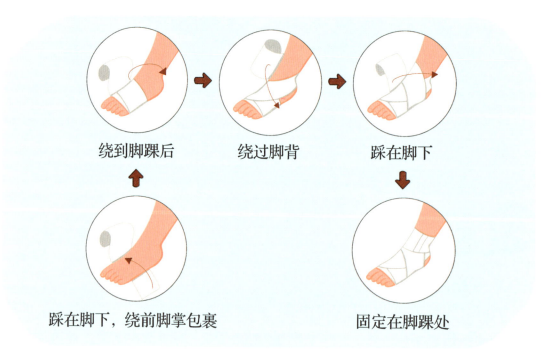

绕到脚踝后　　绕过脚背　　踩在脚下

踩在脚下，绕前脚掌包裹　　　　固定在脚踝处

正确的绷带方法

3. 损伤的 PRICE 原则

PRICE 原则是处理轻微运动损伤（如扭伤、拉伤和轻微撞击）的一种常用方法。

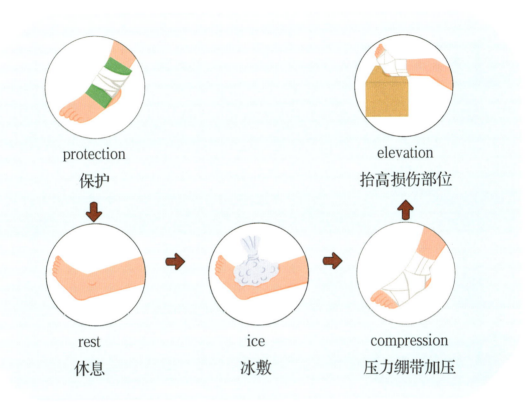

protection
保护

elevation
抬高损伤部位

rest
休息

ice
冰敷

compression
压力绷带加压

PRICE 原则

启发思考

运动损伤时常发生，让我们思考一下，如果你或者你的伙伴在运动过程中受伤了，应该怎么处理？

7

03 睡眠为什么很重要

互动导入

　　小明最近迷上了刷小视频，总是在爸爸妈妈睡了以后偷偷上网，直到自己困得受不了才睡觉。为了不挨骂，他还定了闹钟，在妈妈叫他起床前就起床开始晨读。可是没过多久，小明发现自己上课不能集中精力，总是觉得疲惫，甚至特别急躁易怒，还时不时感冒。妈妈担心小明的身体，于是带他去医院检查。医生检查并询问后确认说：小明的情况主要是由于较长时间的睡眠不足造成的。妈妈非常惊讶，反复询问，小明才说出了实情。

　　你遇到过小明这样的情况吗?

知识点

1. 人为什么要睡觉

　　睡觉，看似平常，却是我们生活中不可或缺的重要部分。人为什么要睡觉呢? 让我们一起探寻背后的奥秘吧!

　　首先，睡眠可以给机体"充电"。一是补充体能，睡眠能帮助我们恢复消耗的体力，并为第二天的学习和生活做好准备;二是清理思维，睡眠能促进脑细胞的修复，有助于清理记忆，提高思维能力;三是为免疫力"充电"，人体在睡眠过程中会产生多种免疫细胞和抗体，帮助机体抵抗病毒和细菌的侵袭;四是调整情绪，在睡眠中，身心能得到放松，有助于缓解焦虑、抑郁等负面情绪。

　　其次，睡眠可以帮助儿童青少年生长。在深度睡眠中，人体分泌的生长激素可以促进骨骼和肌肉的发育。因此，睡眠是促进儿童青少年生长发育的关键。

总之，睡觉对于身心健康都至关重要，我们要保证充足的睡眠。

2. 睡眠不足的主要表现有哪些

小学生每天要睡足 10 小时。对于学生而言，睡眠不足不但会降低机体免疫力，增加近视、糖尿病、肥胖、高血压、心血管疾病的发生风险，还会出现对正面情绪的记忆下降，负面情绪的堆积，从而情绪不稳，易烦躁、焦虑等，甚至诱发抑郁症、焦虑症等，可导致多种身心健康问题。同时，睡眠不足对学业的影响也是巨大的。长期睡眠不足，会出现反应迟钝，注意力、记忆力等认知功能下降，具体表现为无法集中注意力、记忆力下降、容易遗忘已学过的内容，学习成绩下降。如出现持续性睡眠障碍，应及时就医。

启发思考

记录自己一周的睡觉、起床时间，检查一下你的睡眠是否充足！

日期	睡觉时间	次日起床时间	睡眠时间
例：星期一	21：00	7：00	10 小时

04 卫生好习惯，伴你一辈子

互动导入

　　早晨，小杰乘坐地铁去上学。地铁上人多、拥挤，车厢里有好几个人咳嗽和打喷嚏。一路上小杰紧挨着其他乘客站着，并未佩戴口罩。到了学校，小杰边走向教学楼边揉着眼睛，看起来有些疲惫。走进教室，小明正准备和小杰击掌，却皱起眉头："你怎么身上有股汗味儿？"小杰尴尬地笑了笑："我昨天睡晚了，没有洗澡。"课间休息时，教室的空气有点儿闷，小杰打了个喷嚏，没来得及遮住口鼻。周围同学下意识地往后退，小华说："你这样不太卫生吧！"

　　你觉得小杰有哪些做得不对的地方？生活中有一些看似简单但又重要的卫生好习惯，你知道有哪些吗？

知识点

1. 正确洗手，"手"护健康

（1）洗手过程

1）淋湿双手：用水将双手完全打湿。

2）用洗手液：涂抹洗手液或肥皂，搓出泡沫。

3）揉搓双手：使用七步洗手法揉搓 20 秒以上，确保手心、手指、手背、指缝、指甲缝、手腕等处均被清洗干净。

4）冲洗干净：用清水彻底冲掉泡沫。

5）擦干双手：用干净的毛巾或纸巾擦干双手。

（2）洗手时机

在学校里遇到以下几种情况应及时洗手：接触食物前，吃饭前，上厕所后，咳嗽、打喷嚏或擤鼻涕后，扔垃圾后，户外玩耍后，手脏后。

（3）没有流动水洗手时，可使用符合要求的免洗手消毒剂。

2. 常洗澡、勤换衣，保持清洁

首先，建议经常洗澡，特别是运动后要及时清洁身体。但也不要过度清洁，以免造成皮肤水分流失，过于干燥。

其次，经常更换贴身衣物，尤其汗湿的衣服要及时清洗并晾晒，保持衣物干净和清新。阳光暴晒衣物能帮助减少病原微生物的滋生。

最后，洗头、洗澡、擦手和擦脸的毛巾等织物应定期清洁、保持干燥，要做到一人一巾，不与他人共用洗脸毛巾、浴巾和洗漱用具等物品。

3. 开窗通风，空气流通

开窗通风可以有效改善室内空气质量，减少流行性感冒（以下简称"流感"）等呼吸道疾病的传播，并降低室内二氧化碳和有害气体的浓度。尤其在秋冬季节，保持适度的空气流通，既能赶走病菌，又能让室内环境更舒适。可以每天早、中、晚各开窗通风一次，每次不少于 15 分钟。

4. 保持社交距离，做好个人防护

在呼吸道传染病高发期间，在车站、机场等人员密集的公共场所，或在超市、银行等场所排队时，应与他人保持社交距离；特别是出现发热、咳嗽、咽痛等症状时，应尽量保持一米以上的距离。此外，建议根据所处场景和个人健康状况，学会科学佩戴口罩。注意戴口罩前和脱口罩后要及时洗手。

启发思考

请设计一份属于你自己的"健康习惯打卡表"，并在接下来的两周内每天完成打卡任务。

05 抗菌药物，别乱用

互动导入

小明是一个活泼又充满好奇心的小家伙。有一天，小明感冒了，去看医生。医生仔细地给小明做了检查，告诉他："小明，你得了病毒性感冒了，需要吃药，但不需要吃抗菌药物，因为不是细菌感染引起的。还需注意休息，提高免疫力，多饮水。"

小明好奇地问："医生，什么是抗菌药物？为什么只有细菌引起的感冒才能用呢？"

医生回答："抗菌药物可以杀死让你生病的细菌。但如果我们滥用抗菌药物，细菌会产生耐药性，最后，抗菌药物就不再有效了。"医生又补充道："只在真正需要时，才可使用抗菌药物！"

你和小明遇到过一样的情况吗？

知识点

1. 什么是抗菌药物

抗菌药物是一种能杀死或抑制细菌生长的药物，是我们对抗细菌感染的有力武器。常见的抗菌药物包括青霉素、头孢菌素、红霉素、阿奇霉素等。

2. 滥用抗菌药物有哪些危害

滥用抗菌药物会产生毒副作用，增加耐药性，甚至会加重感染症状。

细菌非常聪明，频繁接触抗菌药物后，他们会像动画片里的"怪兽"，不断修复更新，尤其在滥用后，细菌对抗菌药物产生耐药性。耐药的细菌感染很难治疗，甚至会导致严重疾病。

青霉素、红霉素、头孢类抗菌药物等

什么是抗菌药物

抗菌药物对病毒引起的上呼吸道感染无效。如果将抗菌药物用于病毒感染，可能会延误治疗。

3. 合理使用抗菌药物，从娃娃抓起

不主动使用抗菌药物。只有明确或高度怀疑细菌感染时，才可使用。如果医生没开具处方，一般是医生认为没有必要使用。

不拒绝使用抗菌药物。正确使用抗菌药物可以高效控制感染，需要用药而没有及时用药，可能会导致病情加重。

不自行使用抗菌药物。

不随意停用抗菌药物。症状减轻不代表体内"战斗"结束，只有用满疗

程，才能让抗菌药物完全歼灭"敌军"。

不盲目要求输液治疗。抗菌药物治疗应遵循能口服不肌内注射、能肌内注射不静脉输液的原则。

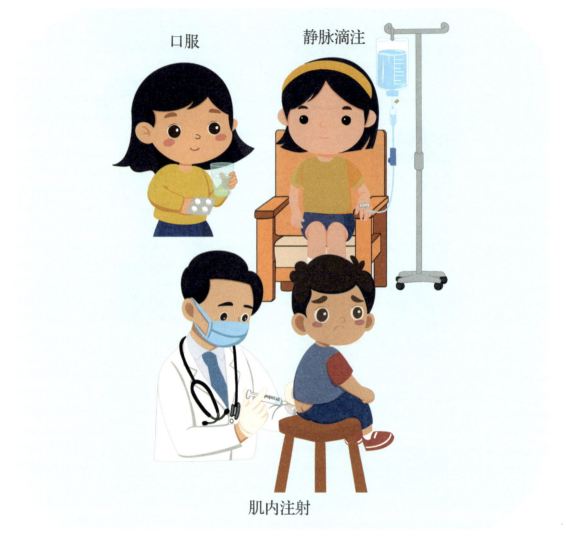

口服　　　　静脉滴注

肌内注射

给药途径的示意图

 启发思考

大家变身小药师，看看家里有哪些人正在使用抗菌药物？并提醒家人不要滥用抗菌药物呀！

拒绝烟酒，远离毒品

互动导入

奶茶杯电子烟

严禁未成年人使用

奶茶杯电子烟

乍一看，你是不是以为图片里的都是奶茶？但它们实际上是披着奶茶外衣的电子烟，同学们不要被这外表迷惑！使用电子烟会危害我们的健康！

知识点

1. 电子烟及其危害

电子烟是一种模仿卷烟的电子产品。电子烟的烟具就是加热装置，可以将烟油转化为供人吸入的气溶胶。烟油的主要成分是尼古丁，此外还有丙二醇、香精等化学物质。

因为电子烟烟油的主要成分是尼古丁，所以吸电子烟也可以使人成瘾。电子烟产生的烟雾中含有许多有害化学物质，如甲醛、丙二醇，这些物质会对肺部产生损害。电子烟烟具的金属部件所含有的镍、铬、砷等重金属成分，对健康也具有潜在的危害。使用电子烟可能诱导青少年更容易使用卷烟。

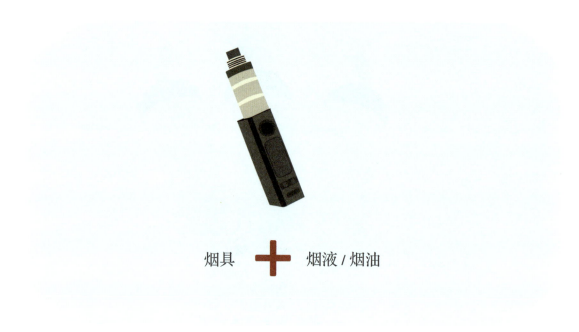

电子烟示意图

2. 二手烟（含电子烟）的危害

接触二手烟没有安全水平，即使是短暂地接触，也会造成伤害。二手烟暴露可以导致冠心病、肺癌、脑卒中和慢阻肺等疾病。儿童相对于成人，呼吸频率更高，更容易受到二手烟的影响。

如果有人在吸电子烟，电子烟释放的烟雾也会给身边的人带来健康危害。

3. 儿童青少年不应饮酒

酒的主要成分是乙醇（酒精）和水，几乎不含有营养成分。酒精对身体会产生危害，有引发成瘾、依赖的特性。儿童青少年应该拒绝饮酒、拒绝饮用含酒精的饮料。

4. 拒绝毒品

毒品是指鸦片、海洛因、甲基苯丙胺（冰毒）、吗啡、大麻、可卡因，以及国家规定管制的其他能够使人形成瘾癖的麻醉药品和精神药品。任何人使用毒品都可能导致成瘾。毒品严重危害健康，千万不要尝试毒品。

启发思考

生活中如果遇到同学、朋友递卷烟或电子烟给你，说偶尔体验一下没关系，你最好的应对方式是什么？

07 血液的奥秘

互动导入

在我们的血液里，居住着三位能力各异的"小精灵"，他们分别叫红细胞、白细胞和血小板。你知道他们的本领有哪些吗？

红细胞

白细胞

血小板

人体内的血细胞

知识点

1. 血细胞的功能是什么

红细胞：携带氧气（O_2），输送氧气，输出二氧化碳（CO_2），进行气体交换。
生命周期：约为 120 天。

红细胞的作用

白细胞：负责破坏及移除年老或异常的细胞及细胞残骸；攻击病原体和异物。

生命周期：1天至数月不等。

白细胞的作用

血小板：主要参与凝血和止血。

生命周期：7~14天。

血小板的作用

2. 献血不会影响健康

血液是临床治病救人中不可或缺的重要医疗资源，由于尚无法制造，只能依靠健康的成年人自愿捐献。

符合献血条件的成年人，捐献 200~400 毫升的血液并不会影响健康

成人体内的总血量约为体重的 8%，一位 50 千克体重成年人的总血量约 4 升。

 一次献血为 200~400 毫升

<10%

经过科学实验证明，人体一次失血百分之十并不会影响身体健康。

献血不会影响健康

　　人体内百分之八十的血液在人体内循环，百分之二十的血液贮藏在部分脏器中，献血后也会被动员至体内循环。经过新陈代谢，不断有新的血液细胞会补充到人体内。

　　根据《中华人民共和国献血法》，提倡 18~55 周岁的健康公民一次捐献 200~400 毫升血液，献血后，人体造血功能会让血液很快得到补充，不会对健康造成不良影响。

3. 血型的遗传

　　我们的血型通常是由父母双方的基因决定的。找出爸爸妈妈和我们的血型遗传规律吧！

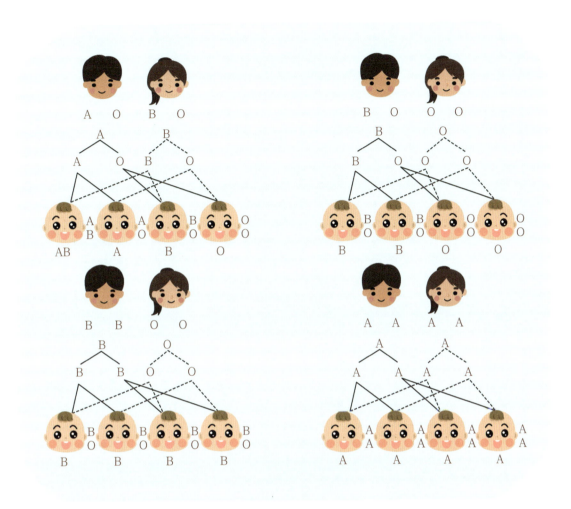

血型遗传图

请大家用学习到的知识，算算身边大人的体内大约有多少毫升的血液？

他 / 她是我的 _____，他 / 她今年 _____ 岁（须 ≥ 18 岁），他 / 她的体重是 _____ 千克，他 / 她的体内大约有 _____ 毫升血液。

身体健康

　　本单元共有 11 个主题，围绕身体健康展开，介绍与眼睛、牙齿和脊柱相关的疾病，以及健康体重、青春期的预防保健知识，还有呼吸道、消化道传染病的防护要点，同时介绍与我们健康息息相关的疫苗接种、病媒生物防制等实用小知识。从小了解常见疾病，积极关注预防方法，有助于消除健康隐患，让我们的身体更健康。

08 预防近视很重要

 **互动导入**

新学期开学啦！小明发现眼睛出现了异常状况：上课看黑板需要眯着眼睛，看书时喜欢凑近一些，走在路上已经看不清马路对面的站牌了。妈妈带着小明到医院眼科进行了检查。医生诊断小明近视了，右眼近视 250 度、左眼近视 350 度。为了控制近视发展，医生建议小明验配角膜塑形镜（俗称"OK镜"）。小明忽然意识到，上学期的时候自己已经有看不清黑板上小字的情况，暑假期间自己又疯狂玩游戏，没有重视眼健康，他非常懊悔。

同学们，最近一次眼睛检查，你的视力和屈光度数如何？一定要关注眼睛健康啊！

 **知识点**

1. 近视是怎样形成的

我们的眼睛就像一台照相机。眼球前部的角膜和晶状体如同照相机的"镜头"，后部的视网膜好比是"底片"，睫状肌相当于自动变焦系统。在正常情况下，外界光线经过角膜、晶状体等，聚焦在视网膜上，再通过视神经，把信息传递到大脑，形成视觉感受。

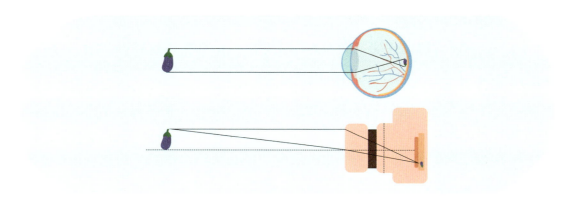

眼睛的成像原理

当眼睛在调节放松的情况下，平行光线进入眼内，聚焦在视网膜前，导致视网膜上不能清晰成像，称为"近视"。50度至300度以下为低度近视，300度至600度以下为中度近视，而600度及以上就是高度近视了。

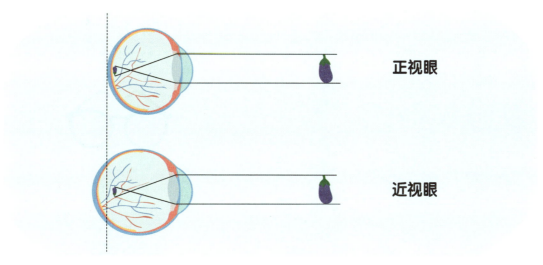

正视眼

近视眼

近视的形成原理

2. 如何预防近视

（1）控制近距离用眼持续时间，连续近距离用眼要休息。连续看书、做作业或看电视30~40分钟，至少让眼睛休息10分钟。

（2）增加户外活动时间，选择光线比较好的时段，每天接触日间自然光的时间不低于2小时。

（3）保持良好的读写姿势，牢记"一拳、一尺、一寸"。

（4）读写时应确保光线适宜。光线不足时，应使用台灯辅助照明，避免阴影遮挡视线，同时房间里的大灯也应该开着。

（5）有节制地使用电子产品，非学习目的的电子产品使用，单次不宜超过15分钟，每天累计不宜超过1小时。

（6）保证饮食均衡，不要挑食、厌食，多吃鱼类、水果、蔬菜等，少吃甜食和油炸食品、少喝碳酸饮料。

（7）保证充足的睡眠，小学生每天睡眠至少10小时。

（8）定期检查视力和屈光情况，建议3~6个月检查1次；如感觉视力异常或有其他眼部不适，应及时到专业的医疗机构就诊。

3. 近视了该怎么办

虽然近视难以治愈和逆转，但是可以通过验配框架眼镜、角膜接触镜（如多焦软镜、硬性透气性接触镜、角膜塑形镜）或使用药物等干预手段，积极控制近视度数增长，预防高度近视的发生。当然，改变不良的用眼行为习惯同样重要。

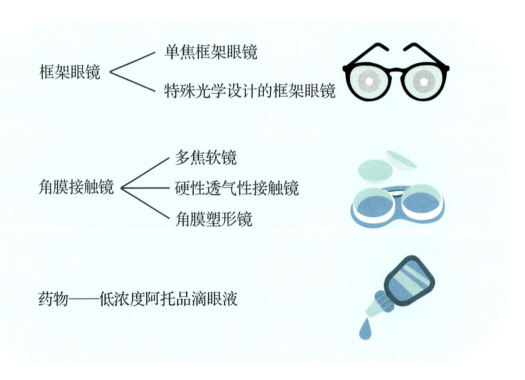

框架眼镜 —— 单焦框架眼镜

特殊光学设计的框架眼镜

角膜接触镜 —— 多焦软镜

硬性透气性接触镜

角膜塑形镜

药物——低浓度阿托品滴眼液

多种控制近视进展的方法

4. 角膜塑形镜能治疗近视吗

角膜塑形镜（又称为 OK 镜）是一种硬性透气性角膜接触镜。OK 镜不能治愈近视，只能暂时使近视度数下降或消失。但它能减缓眼轴增长速度，起到控制近视度数增长的作用。验配 OK 镜必须在专业医疗机构进行，配戴 OK 镜后一定要遵医嘱并定期复查。

学习正确的镜片摘戴方法和护理方法，每天使用专用护理产品清洁镜片，每 1~2 周对镜片进行除蛋白处理；护理液、镜盒和吸棒需要定期更换（约 3 个月）。

OK 镜为晚上睡觉佩戴

正确配戴和护理 OK 镜

 启发思考

动动手，每天记录自己的护眼行动。

护眼行动	周一	周二	周三	周四	周五	周六	周日
连续近距离用眼注意休息							
每天日间户外活动不少于2小时							
保持良好读写姿势							
读写时光线适宜							
控制使用电子产品时间							
饮食均衡、不挑食							
保证充足睡眠							
定期检查视力和屈光情况	填写最近一次检查时间：　　年　　月　　日 异常情况有无及时看诊：□有　　□无						

刷牙不干净，易生牙周病

互动导入

小明最近牙龈总是红肿，刷牙时还会流血。起初，他以为是自己用的牙刷太硬或者是刷牙力度过大所致，于是换了一把软毛牙刷并且尽量轻柔地刷牙，但是情况并没有好转，小明只好去求助医生。

医生检查后发现，小明的牙齿上有很多牙菌斑，牙龈也因为长期没有彻底清洁而发炎。医生告诉小明，他得了牙周病，这种病会让牙龈红肿、出血，甚至可能影响到牙齿的健康。小明非常困惑，自己每天早晚都坚持刷牙，怎么会得牙周病呢？

你有相同的困惑吗？接下来，我们就一起来学习牙周病的相关知识吧！

知识点

1. 什么是牙周病

牙周病是牙周组织各类疾病的总称，主要包括各种牙龈炎、牙龈增生、牙周炎、牙周萎缩等，是牙齿周围组织的一种慢性破坏性疾病。主要是由于口腔卫生不良，牙齿周围堆积了大量的牙菌斑和牙结石，细菌在此聚集和繁殖，产生毒素刺激牙周组织，造成的慢性炎症。最典型的牙周病就是慢性牙周炎。

慢性牙周炎开始时牙龈会出血，比如刷牙出血、晨起口水带血，还可能有牙龈红肿、牙龈萎缩、口臭、牙齿敏感等症状，严重的还会出现牙龈流脓、咀嚼无力，最终可导致牙齿松动、脱落。

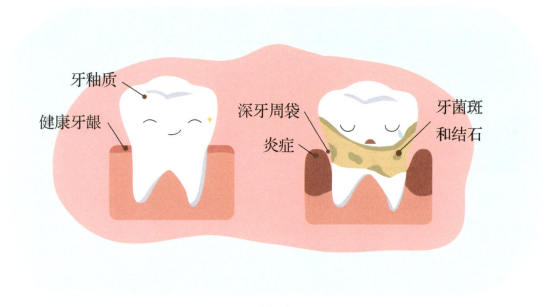

牙周炎

2. 如何预防牙周病

（1）注意口腔卫生，养成良好的卫生习惯。早晚刷牙、饭后漱口、定期使用牙线。

（2）养成健康的饮食习惯。多吃富含纤维素的耐嚼食物，刺激唾液分泌，利于清洁牙面。

（3）注意纠正各种不良习惯。如吮手指、咬唇、偏侧咀嚼、张口呼吸等。

（4）定期做好口腔保健。刷牙时出血要重视；每半年到一年要做一次口腔健康检查。

启发思考

如果我们想知道平时刷牙有没有刷干净，可以使用特制的菌斑染色剂涂布在牙面上，使牙菌斑呈现颜色。通过观察刷牙前后牙菌斑的情况，我们可以更好地调整自己刷牙的姿势和手法。

（1）刷牙前将指示剂滴在棉签上，涂于牙齿表面，看看牙齿有多少菌斑。

（2）刷牙并使用牙线，再次染色，检查刷牙后有多少残余菌斑、残余在哪儿。

（3）再次刷牙并使用牙线，再次染色，看看是否已清除残余菌斑。

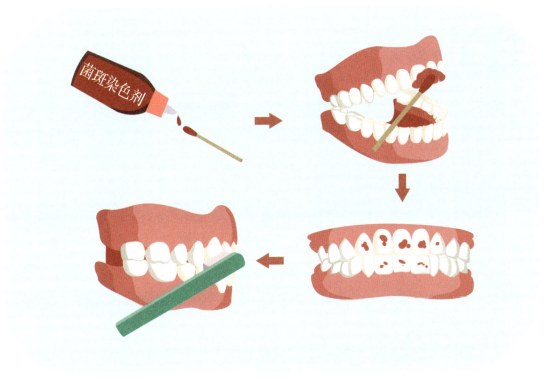

正确刷牙

同学们，你们的牙有没有刷干净呢？使用菌斑染色剂测一测吧！

10 平时姿势不注意，脊柱侧弯找上你

互动导入

小红的爸爸妈妈总觉得她体态不好，一遍遍地提醒她要站直、不要驼背。小红总是嫌爸爸妈妈唠叨，觉得自己运动好、身体好，体态不好只是平时偷懒而已。最近春游，小红拍了好多美美的照片，她在与朋友分享照片时发现，照片中的自己肩膀总是不一样高。

"明明自己在拍照时已经很注意体态了，怎么还是站歪了呢？"小红不免有些担心。正好最近学校请来了医生，为学生进行脊柱侧弯筛查，小红主动去找了医生。体格检查中，医生怀疑小红已经开始出现了脊柱侧弯，建议小红去专科医院做进一步检查。经影像学检查，最终小红被诊断为特发性脊柱侧弯，需要进行矫形治疗。

爸爸妈妈认为是小红平时不注意姿势导致了脊柱侧弯，小红自己也感到疑惑："我从小练习舞蹈，体育好、身体好，怎么就脊柱侧弯了呢？"

你有没有同样的疑惑呢？

知识点

1. 什么是脊柱侧弯

脊柱侧弯指的是由于脊柱本身的三维结构畸形导致的脊柱弯曲。因为人体有较多的单侧运动模式，两侧肌肉力量不同，所以从人体的冠状面（沿身体的左右径所做的与地面垂直的切面）看，理想笔直的脊柱是很少见的，一般或多或少会有些曲度，只有当弯曲达到一定程度时，才能称之为脊柱侧弯。

脊柱侧弯   正常

脊柱侧弯示意图

2. 脊柱侧弯将造成哪些危害

    轻度的侧弯只改变外观，出现各种不良体态，比如双肩不等高、躯干不平衡、背部有高低等。随着同学们的生长发育，脊柱侧弯将逐渐加重，他们可能出现腰背部疼痛、运动力减退等症状。更为严重的脊柱侧弯将对同学们的内脏发育造成危害，从而出现心肺功能减退、神经功能减退，严重的甚至会危及生命。

3. 有什么办法能够早期发现脊柱侧弯

    校园筛查是目前最重要的发现脊柱侧弯的手段。同学们需要配合老师、医生完成以下动作。

一般检查　　前屈试验侧面图　　　　前屈试验正面图

体格检查示意图

4. 有什么运动能够帮助我们改善体态、改善脊柱侧弯呢

游泳时，我们的身体处于水平状态，这有助于减轻脊柱的压力，让脊柱得到放松。而且，游泳还能锻炼我们核心肌群，增强躯干的稳定性，从而起到预防不良体态的作用。

腰背肌锻炼操被认为是除手术、支具矫形以外，较为有效地改善脊柱侧弯的治疗手段。腰背肌锻炼操是室内便可完成的动作，能够在锻炼我们背部肌肉的同时，增加脊柱的柔韧性，从而起到延缓脊柱侧弯进展的作用。

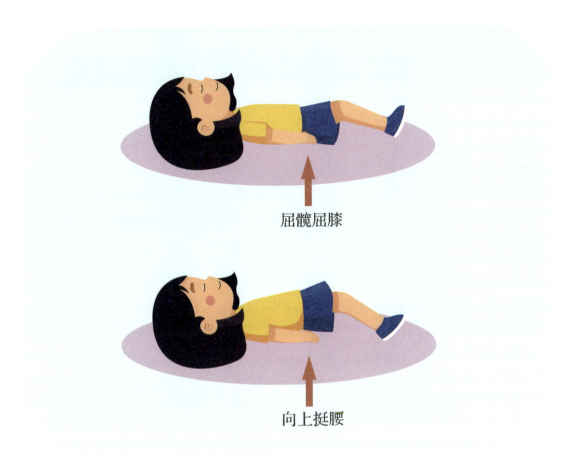

屈髋屈膝

向上挺腰

腰背肌锻炼操示意图

 启发思考

1. 脊柱侧弯体格检查的动作，在家里试着做一做吧！
2. 大家一起学一学腰背肌锻炼操吧！

11 战 "痘" 青春期

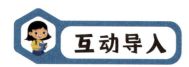 互动导入

小豆今年 12 岁，最近总感觉脸上痒痒的，一照镜子，脸颊竟冒出了几个红色的大痘痘。"这也太难看了吧！"他想，忍不住用手挤了挤，希望它们能尽快消失。然而事与愿违，挤痘痘并没有让情况好转，反倒还弄出了血，小豆更焦虑了。看到小豆苦恼的样子，爸爸妈妈决定带他去医院看看。

医院里，医生告诉小豆："这是青春痘，很多小朋友都会长。"但紧接着他又严肃提醒，千万不能随便挤痘痘，这种做法不但不能有效祛痘，还可能留下瘢痕。听到这儿，小豆的心情顿时跌入了谷底。不过，医生也表示：只要采取科学的方法，青春痘并不可怕。

你想知道医生有什么好方法吗？

 知识点

1. 什么是青春痘

青春痘，学名叫痤疮（cuó chuāng），好发于面部或胸背部皮肤。青春期时，皮肤油脂分泌变得更为旺盛，过多的油脂容易堵塞毛囊，为细菌繁殖创造条件，继而引发炎症，形成痘痘。

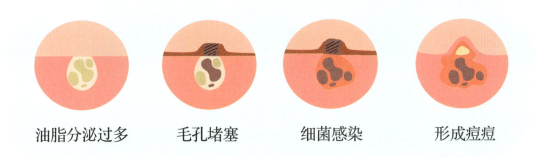

油脂分泌过多　　毛孔堵塞　　细菌感染　　形成痘痘

青春痘的形成

2. 青春痘长什么样儿

青春痘有黑头粉刺（开放性粉刺）、白头粉刺（闭合性粉刺）、丘疹、脓疱、结节和囊肿几类。一般来说，如果只有白头或黑头粉刺，说明症状相对较轻。但如果存在大量丘疹、脓疱，甚至有结节或囊肿，那么一定要引起重视，最好去医院皮肤科就诊。

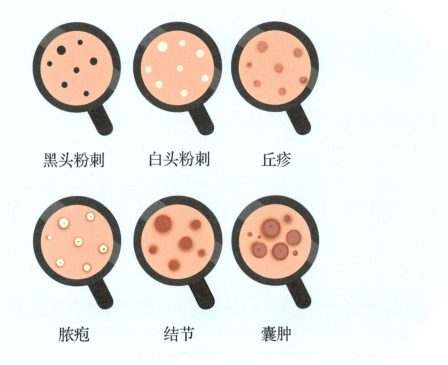

黑头粉刺　　白头粉刺　　丘疹

脓疱　　结节　　囊肿

不同的青春痘

3. 如何科学战"痘"

（1）皮肤护理：如同我们每天都要刷牙一样，皮肤也需要日复一日护理。养成良好护肤习惯，可以有效防痘。但如果痘痘已经出现，就不要用手去触碰或挤压了，以免加剧炎症或形成瘢痕。

（2）抗痘：在医生的指导下，可以选用合适的抗痘药品来应对青春痘。不过，祛痘本身是渐进的过程，可能要几个月才见效，所以要保持耐心。

（3）健康生活方式：饮食上要做到少糖、少油和少辣，晚上早点儿睡，经常外出动一动，释放压力，保持好心情，也是不长痘痘的诀窍啊！

良好的护肤习惯是健康肌肤的基础，你可以参考下面的样表列出自己的护肤日程。快来试一试吧！

护肤日程表

时间	事项	完成状态
早	洗脸	☐
	保湿	☐
	防晒	☐
晚	洗脸	☐
	洗澡	☐
	保湿	☐

12

吃动平衡，体重达标

互动导入

学校体检显示小明属于肥胖。为了早点儿把体重减下来，小明开始每天跑步，但是一开始的运动时间较长，强度也较大，跑了三天就坚持不下来了！

注意适宜的运动强度和时间

知识点

1. 什么是肥胖

肥胖是由多种因素引起的能量摄入超过消耗，导致体内脂肪积聚过多、体重超过参考值范围的一种营养障碍性、慢性代谢性疾病。

2. 如何判断肥胖

参考 WS/T 586—2018《学龄儿童青少年超重与肥胖筛查》，超过同年龄、同性别的 BMI 参考界值点，由此来评价儿童超重或肥胖。

体重指数（body mass index，BMI）：体重与身高的平方之比（千克/米^2），是国际上常用的衡量人体胖瘦程度的标准。

比如：一名 12 岁的男孩，BMI 筛查超重的界值点为 20.7 千克/米^2，筛查肥胖的界值点为 24.1 千克/米^2。小明的体重 63.05 千克，身高 153.5 厘米，计算 BMI 为 26.76 千克/米^2，因此被评估为肥胖。

儿童青少年 BMI 筛查超重与肥胖界值，参见下表。

6~18 岁学龄儿童青少年性别年龄别 BMI 筛查超重与肥胖界值

单位：千克/米^2

年龄/岁	男生		女生	
	超重	肥胖	超重	肥胖
6.0~	16.4	17.7	16.2	17.5
6.5~	16.7	18.1	16.5	18.0
7.0~	17.0	18.7	16.8	18.5
7.5~	17.4	19.2	17.2	19.0
8.0~	17.8	19.7	17.6	19.4
8.5~	18.1	20.3	18.1	19.9
9.0~	18.5	20.8	18.5	20.4
9.5~	18.9	21.4	19.0	21.0
10.0~	19.2	21.9	19.5	21.5
10.5~	19.6	22.5	20.0	22.1
11.0~	19.9	23.0	20.5	22.7
11.5~	20.3	23.6	21.1	23.3

续表

年龄／岁	男生		女生	
	超重	肥胖	超重	肥胖
12.0~	20.7	24.1	21.5	23.9
12.5~	21.0	24.7	21.9	24.5
13.0~	21.4	25.2	22.2	25.0
13.5~	21.9	25.7	22.6	25.6
14.0~	22.3	26.1	22.8	25.9
14.5~	22.6	26.4	23.0	26.3
15.0~	22.9	26.6	23.2	26.6
15.5~	23.1	26.9	23.4	26.9
16.0~	23.3	27.1	23.6	27.1
16.5~	23.5	27.4	23.7	27.4
17.0~	23.7	27.6	23.8	27.6
17.5~	23.8	27.8	23.9	27.8
18.0~	24.0	28.0	24.0	28.0

资料来源：中华人民共和国国家卫生和计划生育委员会.学龄儿童青少年超重与肥胖筛查：WS/T 586—2018[S/OL].(2018-02-23)[2024-11-10].http://www.nhc.gov.cn/ewebeditor/uploadfile/2018/03/20180330094031236.pdf.

3. 避免身材焦虑，科学减重

肥胖影响儿童青少年的运动能力、骨骼肌肉发育，同时也对心理健康产生影响，如担心形象、出现身材焦虑、自尊心不足，因而导致抑郁、焦虑的风险增加。我们可以通过合理的饮食、运动，培养健康的生活方式，避免超重、肥胖的发生。

（1）运动为基础

1）安全、有趣味的运动：如散步、游泳、球类运动、跳舞等。

2）逐渐增加时间和强度：遵循循序渐进的原则，开始运动时可以从较低水平的身体活动开始，每天15~20分钟，逐渐增加到每天至少累计60分钟中等至较高强度的运动，并养成长期运动的习惯。

一些适宜的运动项目示例

（2）饮食调整贯彻始终

1）尽量选择营养成分充足，有益于健康，可经常食用的食物。

2）避免高脂、高盐、高糖、高热量食物。

3）如果胃口很好，应注意控制每日总热量的摄入。

（3）行为矫正是关键

1）针对性矫正行为：找出饮食、运动、学习和生活环境中的不良因素，坚持写矫正行为日记。

2）家庭支持：父母陪伴儿童一起运动，家庭饮食为主，减少外出用餐。做到在家就餐有计划，在外吃饭会点餐，创造有助于控制体重的良好环境。

启发思考

小明为了尽快恢复身材，每顿的米饭、蔬菜、肉等都吃得很少，但是吃水果的量增加了。你觉得小明的饮食有什么需要改进的地方吗？

13

"流感"来袭怎么办

秋天到了，降温了。小明在上学的路上感觉到一阵凉意，不禁打了个喷嚏。在课堂上，小明感到喉咙隐隐作痛，鼻子也开始不通气了，全身没力气。放学到家，小明赶紧大口喝水，虽然咽痛有所缓解，但仍感觉全身酸痛。晚饭时小明蔫蔫的，没吃几口就放下了筷子。妈妈摸了摸小明的额头，发现有点儿热，马上给小明测体温，显示 38.6℃。妈妈立刻带小明去医院看病。

到医院后，医生给小明测量了体温，显示 39.5℃。医生还仔细检查了小明的咽喉部，并用听诊器放在小明胸背部不同位置反复听诊。他发现小明的咽喉部有些红肿，为小明进行了病原体检测，检测结果显示小明感染了流感病毒。看着检查结果，小明很疑惑，觉得自己平时身体挺棒的，还经常运动，为什么还会得流感呢？

你遇到过和小明同样的情况吗？

1. 什么是流感

流感是一种由流感病毒感染引起的传染病，在《中华人民共和国传染病防治法》中属于丙类传染病，主要由甲型和乙型流感病毒导致，其中甲型流感较为常见。

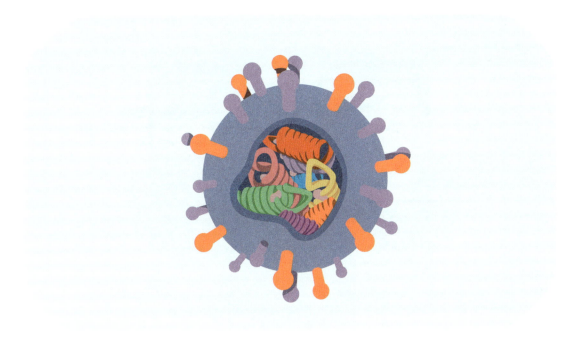

流感病毒

2. 流感的主要症状有哪些

流感的主要临床表现是高热、乏力、头痛、咽痛、咳嗽等，伴全身肌肉酸痛。

3. 预防流感，都有哪些好的做法

保持良好的个人卫生习惯：勤洗手，保持生活、学习环境整洁，通风良好，流感流行季节应尽量少去人群密集的场所。

注意打喷嚏、咳嗽礼仪：打喷嚏或咳嗽时，可使用纸巾或手绢遮掩口鼻，然后将纸巾扔进垃圾桶，将手绢用洗衣液或肥皂和流动的清水清洗干净后再使用。在没有纸巾和手绢的情况下，可以用手肘、上臂内侧或者衣领内侧等部位来遮盖口鼻。

每年接种流感疫苗是预防流感的有效手段。

出现流感样症状，即发热伴咳嗽或咽痛时，应主动自我隔离。在公共场所尽量佩戴口罩。必要时及时前往医疗机构就诊。

打喷嚏、咳嗽礼仪

 **启发思考**

在公共场所，如果突然想打喷嚏，我们应该怎么做呢？

14

人类最伟大的发明之一——疫苗

互动导入

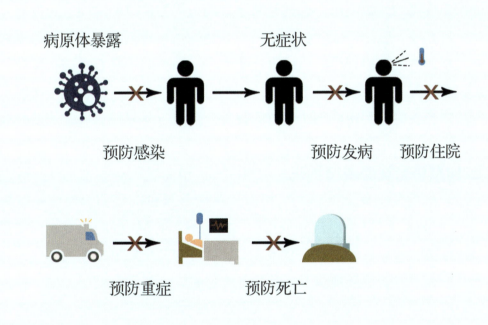

疫苗的作用

看到这张图，你是不是对疫苗的作用了解得更多了呢？

知识点

1. 打了疫苗就能保证不得病吗

目前为止，任何疫苗的保护效果都无法达到100%。但打疫苗就像为我们身体的免疫系统撑起了一把"保护伞"，即便做不到对病毒和细菌"刀枪不入"，也能降低感染、发病的风险。即便得了病，打过疫苗的人通常症状更轻，不容易发生重症甚至死亡。接种疫苗还能降低病原体在人群中传播和流行的风险，间接保护周围的易感人群。

2. 什么是国家免疫规划儿童疫苗

国家免疫规划儿童疫苗，也就是儿童在满7周岁前按照"国家免疫规划疫苗儿童免疫程序"应该完成接种的疫苗。各地的免疫规划疫苗接种程序可能有所不同。现行的疫苗接种程序，可以让我们在最适当的年龄获得来自疫苗的最佳保护。免疫程序表所列各疫苗剂次的接种时间，是指可以接种该剂次疫苗的最小年龄。当我们达到相应剂次疫苗的接种年龄时，尽早接种，才能及时获得保护。

3. 自费疫苗有必要接种吗

上面说到的免疫规划疫苗是公民有义务应该接种的疫苗，对应免疫规划疫苗还有一种称为"非免疫规划疫苗"，即指公民自愿接种的免疫规划疫苗以外的其他疫苗。非免疫规划疫苗有很多。一种是对免疫规划疫苗的替代，如自费的乙肝疫苗、含脊髓灰质炎和/或百白破等成分的联合疫苗等；另一种是对免疫规划疫苗的补充，如流感疫苗、人乳头瘤病毒（HPV）疫苗、轮状病毒疫苗、肺炎球菌多糖结合疫苗等。

免疫规划疫苗与非免疫规划疫苗只是管理上的划分，从防病角度来说，只要是易感人群，都有必要接种。这些疫苗可以让我们的免疫系统"升级"，预防更多的疾病。

国家免疫规划疫苗儿童免疫程序表

可预防疾病	疫苗种类	接种途径	英文缩写	出生时	1月龄	2月龄	3月龄	4月龄	5月龄	6月龄	8月龄	9月龄	18月龄	2岁	3岁	4岁	5岁	6岁
乙型病毒性肝炎	乙肝疫苗	注射	HepB	1	2					3								
结核病[1]	卡介苗	注射	BCG	1														
脊髓灰质炎	脊灰灭活疫苗	注射	IPV			1	2											
	脊灰减毒活疫苗	口服	bOPV					3								4		
百日咳、白喉、破伤风	百白破疫苗	注射	DTaP			1		2		3			4					5
麻疹、风疹、流行性腮腺炎	麻腮风疫苗	注射	MMR								1		2					
流行性乙型脑炎[2]	乙脑减毒活疫苗	注射	JE-L								1			2				
	乙脑灭活疫苗	注射	JE-I								1、2		3			4		

49

续表

可预防疾病	疫苗种类	接种途径	英文缩写	接种年龄														
				出生时	1月龄	2月龄	3月龄	4月龄	5月龄	6月龄	8月龄	9月龄	18月龄	2岁	3岁	4岁	5岁	6岁
流行性脑脊髓膜炎	A群流脑多糖疫苗	注射	MPSV-A							1		2						
	A群C群流脑多糖疫苗	注射	MPSV-AC												3			4
甲型病毒性肝炎[3]	甲肝减毒活疫苗	注射	HepA-L										1					
	甲肝灭活疫苗	注射	HepA-I										1	2				

注：免疫程序以最新规定为准。

1. 主要指结核性脑膜炎、粟粒性肺结核等。

2. 选择乙脑减毒活疫苗接种时，采用两剂次接种程序。选择乙脑灭活疫苗接种时，采用四剂次接种程序；乙脑灭活疫苗第1、2剂间隔7~10天。

3. 选择甲肝减毒活疫苗接种时，采用一剂次接种程序。选择甲肝灭活疫苗接种时，采用两剂次接种程序。

启发思考

除了让我们少生病，接种疫苗还有什么好处？

15 有效防范肺结核

互动导入

小明生病了，这半个月以来，他每天止不住地咳嗽。妈妈给他买了止咳药，他吃了一瓶也没见好。这天上课他又"咳咳咳，咳咳咳"，坐在他后座的小东忍不住问道："小明，老听你咳嗽，今天我也有点儿想咳嗽了呢，不会是被你传染了吧？"小明听后一下子红了脸，赶紧从书包里面掏出一个口罩戴上，边戴边说："不好意思啊，我还是戴口罩吧！"班长伊伊正好路过，听到了他们的对话，说道："小明，老师不是跟大家说了吗，每天都要开窗通风，这样可以有效避免呼吸道传染病的发生。你身体不舒服，也要早点去医院。"小明的脸更红了，赶紧和伊伊一起走到教室窗边，打开所有窗户通风换气。

第二天，妈妈带小明去医院，结果小明被诊断得了肺结核。医生前往学校对小明的同学进行了接触者筛查，所幸筛查没有发现异常。

同学们，大家觉得日常我们要怎样做，才能有效防范肺结核呢？

知识点

1. 肺结核是经呼吸道传播的传染病

肺结核是由结核分枝杆菌引起的呼吸道传染病，主要通过患者咳嗽、打喷嚏、大声说话时喷出的飞沫传染他人。此外，肺结核患者的痰液中也可能存在大量的结核分枝杆菌，痰液暴露于空气中逐渐干燥后，会随尘埃飞散，人吸入后有可能感染结核分枝杆菌。

2. 肺结核的可疑症状

出现咳嗽、咳痰两周以上，或痰中带血，是肺结核的主要可疑症状，应及时到正规医疗机构就诊。

3. 勤开窗户、多通风可有效防范肺结核

开窗通风是最经济、有效的预防肺结核方法。开窗通风可以有效降低空气中带菌飞沫的浓度，接触者吸入结核分枝杆菌的风险或吸入结核分枝杆菌的数量也随之降低，因此勤开窗户、多通风可有效防范肺结核。

结核分枝杆菌

勤开窗户、多通风，空气流通病菌跑

启发思考

为什么勤开窗户多通风可有效防范肺结核？

16 艾滋病是怎么传播的

小红的妈妈是一名护士。有天晚饭时，妈妈说今天她给一名人类免疫缺陷病毒（HIV）感染者打针了。外婆听到后很紧张地说："那你穿没穿隔离衣，是不是要戴两层手套和口罩？听说HIV传染性很强的，碰一下就会传染，蚊虫叮咬都会传染的！"妈妈听了后哭笑不得地跟外婆说："HIV感染者看起来跟正常人是一样的，只要注意不要让自己身上的伤口或黏膜接触到感染者的血液，无害化处理针头和止血药棉，就没事儿的。"可小红还是不明白：不是都说艾滋病很可怕吗，怎么HIV感染者一点儿异常都看不出来；血液会传播艾滋病，为什么蚊虫叮咬就不会传播呢？

同学们，你们是不是也有这些疑问呢？

知识点

1. 不能通过外表判断一个人是不是 HIV 感染者

HIV感染人体后并不会立即发病，只有当人体的免疫系统被HIV损害到一定程度后才会发生感染、肿瘤等明显症状，这时才能称之为艾滋病患者。HIV感染者通过规范的抗病毒治疗，可以延缓发病时间，甚至长达几十年不发病，所以通过外表是无法判断一个人是否感染HIV的，只有通过检测才能确定。

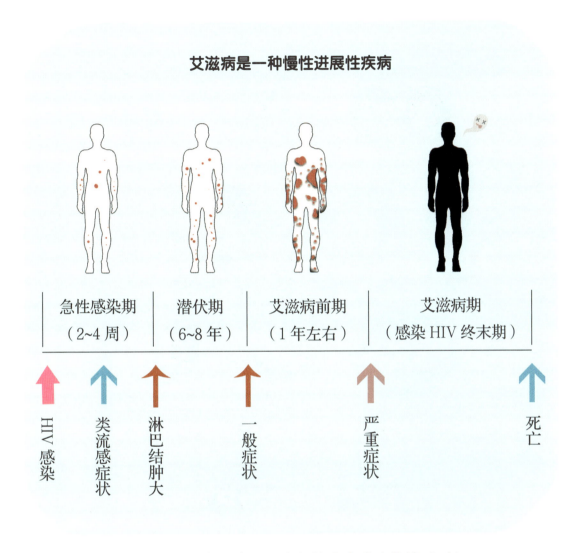

艾滋病是一种慢性进展性疾病

| 急性感染期
（2~4周） | 潜伏期
（6~8年） | 艾滋病前期
（1年左右） | 艾滋病期
（感染HIV终末期） |

HIV感染　　类流感症状　　淋巴结肿大　　一般症状　　严重症状　　死亡

HIV感染的自然病程（未经抗病毒治疗的情况下）

注：图中红点代表病变的严重程度，包括感染、肿瘤、器官损害等。

2. 艾滋病的主要传播途径

感染者或患者的血液中存在HIV，病毒通过伤口进入体内就可能会传染，但需要足够的量，所以蚊虫叮咬是不能传染HIV的，但输血是重要传播途径。性传播最常见，就是通过性行为中的体液交换传染他人。母婴传播就是感染HIV的母亲会在怀孕、分娩、哺乳过程中，把HIV传染给孩子。此外，共用注射器、牙刷、指甲钳、剃须刀等，接触者可以通过破损的皮肤、黏膜感染HIV。

一起谈话　　一起吃饭　　一起洗澡

拥抱、握手　　咳嗽、打喷嚏

共用游泳池　　共用被褥　　共用办公用品

共用劳动工具　　蚊虫叮咬

日常接触不传播，科学防艾莫紧张

 **启发思考**

1. 生活中可能会有哪些感染 HIV 的危险行为？

2. 使用别人用过的牙刷、剃须刀会不会感染 HIV？

3. 捡拾用过的带针头的注射器来玩耍，是不是很危险？

17

一起吃饭会传染乙肝吗

互动导入

青青从小就喜欢去爷爷家，每次爷爷都像个魔术师，给青青"变出"好多礼物，还会给青青讲故事。可爷爷有个奇怪的行为：每次一家人要吃饭了，爷爷就单独拿出自己的一套碗筷，盛好后坐一旁吃，连吃年夜饭也这样。有一天青青终于忍不住问爷爷："爷爷，你为什么不和我们一起吃饭啊？"爷爷叹了口气，说："爷爷也想和你们一起吃饭啊，但爷爷得了慢性乙肝，为了你们的健康，我吃饭还是离你们远点儿吧！"

爷爷的担忧是必要的吗？乙肝真的会通过吃饭传播吗？

知识点

1. 什么是乙肝

乙肝是乙型病毒性肝炎的简称，而病毒性肝炎是由一组肝炎病毒引起的、以肝脏炎症反应为主的传染性疾病，其罪魁祸首可不单是一种肝炎病毒，而是包括了甲、乙、丙、丁、戊 5 种型别，其中乙肝和丙肝除急性感染外，还可以慢性化。

2. 乙肝和丙肝是怎么传播的

乙肝和丙肝总"捆绑"在一起，因为它们的传播途径相似，主要传播方式均为血液传播、性传播和母婴传播。我国乙肝的主要传播方式是母婴传播，也就是通过被乙肝病毒感染的妈妈传给宝宝。接触感染者血液，与感染者共用牙刷、注射器，消毒不严格的文身、打耳洞等，都有感染乙肝和丙肝风险。

一般的生活接触，如交谈、握手、跳舞，一起上课、活动，蚊虫叮咬，咳嗽、打喷嚏等，均不会传播乙肝和丙肝。日常因一起进餐而感染乙肝病毒可能性非常小，需要很多特殊条件同时存在。所以，故事里青青爷爷的担忧大可不必。现在大力提倡使用公筷，乙肝患者可以正常和家人进餐，共享天伦之乐。

3. 乙肝疫苗是最好的防御"盾牌"

接种乙肝疫苗是预防乙肝最有效的方式，接种成功后就像给肝脏加装了一面结实的"盾牌"，可以防御一波波乙肝病毒的攻击。从 2002 年开始，每个宝宝出生后都会免费、按免疫程序接种乙肝疫苗。

4. 你我同行，争当护肝小卫士

只要了解乙肝、丙肝的传播途径，就会明白一般日常生活接触不会传播乙肝、丙肝。接种乙肝疫苗，可以有效预防乙肝。目前虽然没有预防丙肝的疫苗，但避免不良生活方式也完全可以预防感染。丙肝已可治愈，不用谈"肝炎"色变。我们应当对肝炎患者有同理心，鼓励他们积极治疗，主动向其他人传播病毒性肝炎防治知识，争当健康小卫士。

请同学们想一想，如果你的家人得了慢性乙肝，你会和他一起吃饭吗？

18

蚊、蝇、鼠、蟑的危害

 **互动导入**

在小学五年级三班的教室里，同学们进行了以下讨论。

小王："听说了吗？小明得了登革热！"

小刘："他是在国外旅游期间被蚊虫叮咬而感染的。"

小李："不同蚊虫可以传播不同疾病。"

小红："不仅蚊虫，苍蝇、蟑螂、老鼠都可以传播疾病，日常须防范蚊、蝇、鼠、蟑！"

发热　　　　　　　头痛

皮疹　　　　骨痛、肌肉痛
　　　　　　　关节痛

登革热典型症状

 **知识点**

1. 不是所有蚊子都吸血

雄蚊和雌蚊都以吸食花蜜和植物汁液为生，雌蚊吸食血液是为了促进卵的成熟。可以根据喙两边触角上的轮毛分辨雌雄，雌蚊疏而短，雄蚊密且长。

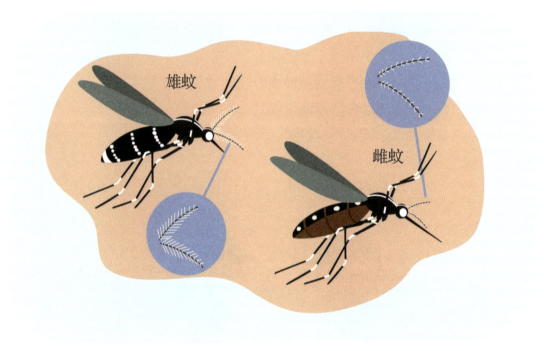

雄雌蚊

2. 蚊虫如何传播疾病

当雌蚊吸食了含有病原体的人或动物的血液，病原体在蚊虫中肠内复制，增殖到一定数量后到达蚊虫的唾液腺。当蚊虫再次叮咬人或动物时，病原体就会随着唾液进入人或动物体内，从而引发感染。

3. 蚊虫可以传播哪些疾病

白纹伊蚊：登革热、黄热病、基孔肯亚热、出血热、寨卡病毒病等。

三带喙库蚊：流行性乙型脑炎等。

中华按蚊：疟疾等。

淡色库蚊 / 致倦库蚊：丝虫病、西尼罗热 / 脑炎等。

4. 老鼠如何传播疾病

体表寄生虫的叮咬：老鼠体表携带跳蚤、螨虫、虱子、蜱虫等节肢动物（虫），它们在叮咬吸血时传播疾病，如鼠疫、恙虫病、流行性和地方性斑疹伤寒。

排泄物污染：老鼠体内的病原体通过鼠粪、鼠尿等代谢物排出体外，人食用被污染的食物和水源而感染，如钩端螺旋体病（简称"钩体病"）、流行性出血热。

颜面红
颈部红
胸部红
头痛
眼眶痛
腰痛

流行性出血热的典型症状

机械性传播：通过鼠的活动污染环境，人食用、接触被污染物导致感染，如肠道传染病。

咬伤：鼠咬导致的创伤性感染，病原体通过外伤侵入机体，如鼠咬热。

5. 蝇类、蟑螂的危害

蝇类、蟑螂可携带多种病原体，污染食物和水源。

细菌性疾病：霍乱、伤寒 / 副伤寒、痢疾等。

病毒性疾病：脊髓灰质炎、病毒性肝炎（甲肝、戊肝）等。

寄生虫病：阿米巴痢疾、蛔虫病等。

6. 鼠、蟑的安全隐患

老鼠属于啮齿动物，有一对不断生长的门齿，经常通过啃咬硬物来磨短长长的门牙，为此存在咬断电线、网线、煤气管，引起断电、断网、火灾的隐患。

蟑螂身体扁平，常钻入电器内，有造成电器短路的风险。

安能辨我是雌雄？

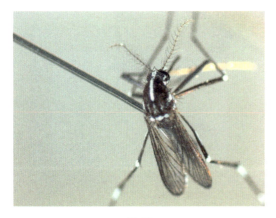

雌蚊

雄蚊

心理健康

本单元共有 3 个主题，围绕心理健康展开，涉及了解自我和压力释放、正确交往、合理使用网络等。我们的身体健康很重要，而心理健康也同样重要。正确认识自己，快乐融入集体，学会调整情绪，让我们都能健康成长。

19 提升心理韧性，坦然面对困难

 **互动导入**

因为父母工作地点变动，5年级的晓丽跟随父母到了新的城市上学。经过3个月的时间，熟悉了环境。但晓丽总觉得同学们的成绩都很好，担心别人会不喜欢自己，甚至觉得别人会嘲笑自己，上课时不敢开口回答问题，课后经常一个人行动，这和以前的自己一点儿都不像。晓丽觉得越来越孤单，整天闷闷不乐，甚至影响到晚上的睡眠。

晓丽面临什么困难，她该怎么解决？

 **知识点**

1. 什么是生活应激事件，会导致压力吗

生活中遭遇急剧的、形成强烈心理反响的事件，如转学、考试、被霸凌、被孤立、考试失利等，都是学生常见的生活应激事件。当个体面对这些应激事件，常感觉到压力、沮丧、愤怒，一般来讲随着时间推移会逐渐好转。但适应困难且长期处于应激状态，会对身心健康产生严重影响。

2. 积极面对压力和困难，不要逃避

人们面对压力和困难时，有两种本能选择，一种是直面困难、积极解决问题，另一种是假想困难巨大，自己无法解决，产生逃避困难的消极心理和行为。直面困难，通常会导向正面结果，可以增强自信，增强解决问题的能力。但回避困难，通常导致压力增加、问题累积等消极后果。

3. 提高心理韧性，积极看待困难

我们要注重锻炼心理适应能力，提高心理韧性。坦然面对困难，尝试积极

面对困难的不同方式

的解决方式，适应困难带来的环境变化并改变它。要经常问自己："这次经历能教会我什么？我可以学到哪些经验？"将压力视作成长的机会。

4. 设定阶段目标，逐个击破

不过分夸大困难或低估自己应对和解决困难的能力。可以将问题拆分为阶段性小目标，制定切实可行的解决方案。在逐步、逐个突破困难的过程中，增强信心，实现最终目标。

5. 寻求支持和帮助

向朋友、家人或老师倾诉，寻求情感支持、意见建议、切实帮助，及时排解压力。

6. 让人生充满可能

生命是美好而珍贵的，无论是花草树木，还是人间真情，都构成了世间的美与善。人生路漫漫，困难难避免。我们应该直面困难，当然，压力过大时，适当的放松、调整也很有必要。在积极面对并克服了一个又一个困难之后，我们更能体会到人生的意义，发现更多的可能性。

 启发思考

1. 回想最近半年遇到压力事件，你是如何应对的？有什么好的经验？是否获得了周围朋友或家人的帮助？

2. 如果再遇到压力事件，你会怎么做？

20

面对校园霸凌，该怎么办

面对校园霸凌，该怎么办

 知识点

1. 什么是校园霸凌

　　校园霸凌是发生在校园内外、以学生为参与主体的一种攻击性行为。可以是任何形式的欺辱、暴力行为，包括推搡、辱骂、威胁及孤立等。这种行为不

仅会造成学生的精神或身体损伤，也会导致校园环境的恶化。

2. 被校园霸凌，该怎么办

面对霸凌，不要胆怯，即刻寻找安全环境，大声呼救；要尽快脱离霸凌环境寻求帮助，并告知老师、家长。具体做法如下。

（1）保持镇定，明确拒绝，确保安全。遇到霸凌，如果表现出害怕，可能会遭遇更强烈的欺凌。在确保安全的情况下，直接向欺凌者表示拒绝："你已经对我造成伤害，立刻停下来！"同时寻找机会脱离环境。

（2）寻找周围一切可能对自己有利的支持，包括求助于老师、朋友、家长，也可报警。

（3）霸凌行为可能持续，建议记录发生的事件、时间、地点、人员等信息，有利于提供证据，帮助老师、家长、警察更全面地了解事情经过、解决问题。

（4）团结同学，反对霸凌。与朋友及同学相互团结，支持学校开展的反霸凌活动和讲座，建设友好校园环境。

3. 目击校园霸凌时，该怎么办

旁观者选择视而不见可能会导致霸凌事件反复出现，造成同学身心健康损伤，甚至威胁到自身安全。当你得知或目击这类事件时，在保护自己的前提下积极帮助被霸凌同学脱离危险，协助学校厘清事件。

4. 被要求参与霸凌时，该怎么办

不要为了"合群"而霸凌甚至伤害同学，因为参与霸凌并不会让自己更受"欢迎"；应当明确拒绝，同时为被霸凌者提供帮助。

启发思考

1. 如果你被几个同学当面或背地嘲笑，有时还被推搡，你该怎么办？
2. 在校园门口，你看到一个同学被一群人围堵，你该怎么办？

21

警惕互联网成瘾

互动导入

小明自上小学五年级以来，便开始使用平板电脑上网课，同时也逐渐沉迷于刷短视频、玩游戏，而同学们也经常在一起交流互联网上的话题和内容。最近半年，小明使用平板电脑的时间明显变长，每天达 2~3 小时，甚至出现半夜偷偷玩电脑、白天上课打瞌睡的情况。妈妈发现后，要没收平板电脑，小明感觉非常苦恼。

你觉得小明该怎么办?

知识点

1. 互联网的两面性

随着互联网和智能设备的普及，短视频、游戏、网络小说等让我们的业余生活更加丰富，可以帮助我们调剂生活、改善情绪，甚至有一定的益智作用。但过度使用互联网，可能造成注意力分散、记忆力下降，睡眠、饮食不规律，甚至有网络成瘾的风险。

2. 互联网成瘾的危害

部分同学成瘾后，表现出无法自我控制的互联网使用，学业、人际关系、外出活动等受到影响，甚至产生焦虑、抑郁、营养不良、睡眠障碍等问题。

3. 如何预防互联网成瘾

（1）合理控制互联网使用时间，建议每天使用互联网不超过 1 小时。

（2）内容方面建议不要集中在短视频、游戏等单一活动上。

（3）丰富兴趣爱好：丰富业余生活，学习、生活劳逸结合，户外活动、兴

合理使用　　　　被控制

健康小知识

互联网的两面性

小游戏、社交、
视频、教育

互联网活动

动物世界小知识

时间不超过 1 小时

合理使用互联网

趣爱好、互联网活动等有机结合。

　　（4）加强人际交往：加强现实生活中的人际交往活动，能够帮助建立良好的人际关系，防止网络沉迷。

丰富业余生活

 启发思考

1. 记录一周网络使用时间。

周一，使用时间：_____（分钟），活动：_____；

周二，使用时间：_____（分钟），活动：_____；

周三，使用时间：_____（分钟），活动：_____；

周四，使用时间：_____（分钟），活动：_____；

周五，使用时间：_____（分钟），活动：_____；

周六，使用时间：_____（分钟），活动：_____；

周日，使用时间：_____（分钟），活动：_____。

2. 你觉得本周互联网的使用时间是否合适？还有哪些方面需要改进？

基本技能

　　本单元共有 6 个主题，围绕安全出行、安全应急与避险等内容。生命安全高于一切，因此，在任何情况下，我们都必须将人的生命安全放在首位。这不仅是对个体的尊重，也是对社会的责任。我们应当积极学习安全应急与避险知识，掌握急救知识与实用技能，从而提高安全防范意识，识别并远离潜在危险，保障我们的人生旅途平安幸福。

22 规范乘车，安全骑行

 互动导入

　　周末，小明跟小林一起骑行。骑行了一段时间后，小明突发奇想，想在小林面前炫耀一下车技，于是双手放开了车把。就这样骑行了几分钟，到了一个拐弯处，车子突然失去平衡，小明连人带车一起摔倒在地。幸运的是小明摔倒在草地上，只是受了点轻伤……

　　你这样做过吗？有过类似的经历吗？

 知识点

1. 乘坐校车和公共交通工具，要注意以下几点

　　（1）在指定站点候车、排队等待时，避免嬉戏打闹。车辆进出站时，不要追赶、靠近车辆，更不要截停车辆。在等待地铁时，不要站在黄线以内。等待公交车时，不站在公交车视线盲区。

　　（2）自觉遵守轨道交通、公交车乘车规范。不携带易燃易爆、放射性物品，配合安检。乘车时有序排队，先下后上不争抢，等车辆停稳后再上、下车。

　　（3）乘坐公交车或地铁时，要站稳扶好。乘车过程中，不要把身体的任何部位伸出车外，不向车外抛撒物品。不大声喧哗，不追逐嬉戏，不拥挤打闹。

　　（4）等车停稳后再下车。下车前，先看一下周围有没有自行车或摩托车经过，防止被后面的车辆撞上而发生意外。

　　（5）不要从车前或车后横穿道路，应在离车前或车后20米以上、有人行横道线的地方过马路。

2. 乘坐私家车，要注意以下几点

（1）选择合适座位，12 岁以下儿童须坐后排；全程系好安全带；身高不足140 厘米的小学生，应坐在有固定增高垫的座椅上。

儿童固定增高垫座椅

（2）上下车要多观察，等车辆停稳、确认后方无车、无人后再开车门。从车辆右侧上下车。上车后锁好车门，调节好车窗。切记不要把身体伸出车外，以免被碰伤。

3. 骑车出行，要注意以下几点

我国法律规定，在道路上骑自行车必须年满 12 周岁。

（1）出发前先检查车辆设备是否完好：车铃、车闸能否正常使用；车把直不直；车座是否在合适位置；轮胎是否有气。

（2）骑行过程中，注意多观察路况和车辆。通过路口、穿过人行横道线时，要下车推行。转弯前减速慢行，伸手示意。

（3）户外骑行时选好合适的区域，佩戴好防护用具。不要飙车，不要独自前往不熟悉的、偏僻的路段。

（4）远离机动车，避免被突然打开的机动车车门碰倒。

（5）骑车小知识：

1）不穿裙子、拖鞋骑车，不撑伞骑车，骑车时建议佩戴头盔。

2）遵守交通规则，不在机动车道上骑车，不逆向骑车，不靠近转弯车辆。

3）不并排骑车，不嬉闹聊天，不撒开车把，不单手骑车，不载人。

今天上学途中，你有没有遵守安全乘车的要求呢？

23

面对地震、火灾、洪涝灾害该怎么办

互动导入

　　某日上午，小明突然感觉脚下轻微震动，以为是楼下邻居装修砸墙，就没在意。接下来又震动了好几次，他突然看到客厅内悬挂的钟表和桌子上的水杯也晃动起来。突然小区里有人在喊"地震了，地震了"，只见邻居们纷纷冲出家门……

　　如果你是小明，这时应该怎么做呢？

知识点

1. 地震逃生小妙招

（1）地震来临时要就近躲避，震动停止后再撤离到安全的地方。

（2）躲在结实、不易倾倒、能掩护身体的物体下或旁边，如桌子、床等；也可跑到空间小、有支撑的房间，如厨房、卫生间等。

（3）如果来得及，要先打开门，以保证通道畅通；关闭煤气开关、电闸。

（4）要趴下，把身体重心降到最低，脸朝下，不要压住口鼻；抓住身边牢固的物体。尽量蜷曲身体，保护好头部和颈部。

（5）地震时不要乘电梯。

2. 火灾逃生小知识

（1）发生火灾时应第一时间切断电源，避免更大的灾难。

（2）发生火灾第一时间拨打"119"，并按照疏散标志沉着冷静进行有序撤离逃生。不可乘坐电梯逃生，以防被困。

（3）发生火灾时如须在浓烟中穿行，要使用潮湿的衣物、毛巾或丝织物等

地震逃生

掩盖嘴和鼻子，弯下腰或者跪在地上向前移动。

（4）发生火灾时如果第一时间无法撤离，可在阳台或屋顶等安全区域求救。

火灾逃生

3. 洪涝避险小知识

（1）途中如何避险

1）如果出现洪涝暴雨等极端天气时，立交桥桥洞下、地铁、地下人行通道、地下商场、地下车库等均是内涝的高发区域，应迅速离开。

2）洪水来临时，如果来不及转移，要立即爬上屋顶、楼房高层、大树、高墙等地势较高的区域，暂时躲避，等待救援人员营救。切勿下水游泳转移，更不可触摸或接触高压线铁塔、电线，以防触电，造成伤害。

洪涝避险

3）洪水内涝时会导致下水道井盖被冲开或路面塌陷，遇到有漩涡的水坑或积水时，应注意观察，小心绕行。

（2）家中积水怎么办

1）暴雨洪水期间，如身处危旧平房，要注意观察房屋的漏雨、渗水情况，如家中积水过深，应迅速向屋顶、高层等地势高的区域撤离，并等待救援。

2）暴雨洪水期间，要提醒家人检查家中电路、炉火等设施。当积水漫入室内时，立即切断电源，防止积水带电伤人，发生灾难。

地震来临时，你知道如何到达安全地带吗？如果放学途中，遇到大暴雨，你该怎么办？如果家里发生火灾，你知道如何安全逃生吗？

24

识别生命体征

互动导入

　　放暑假的一天早晨，刚起床的小红路过客厅时，发现妈妈晕倒在地上！她马上反复拍打妈妈，但妈妈一直没有反应。小红顿时惊慌失措，害怕得直哭。慌乱中，她突然想起之前在学校老师曾教过，遇到突发急病，可以拨打"120"急救电话呼救。

　　设想一下：如果你是小红，如何正确判断妈妈的状况并准确告知急救人员呢？

知识点

1. 识别生命体征

　　识别生命体征是急救知识中最基础、最关键的一步，对于判断一个人的身体状况非常重要。下面逐一介绍五种生命体征。

　　意识：观察是否有睁眼、说话、动作等反应，能否正常对话。

　　呼吸：观察胸部是否有起伏，听呼吸声，感觉呼出的气流。

　　心率：找到腕部或颈部的脉搏，计算每分钟的跳动次数。

　　体温：测量体温，视情况选择测量腋下、口腔或肛门温度。

　　血压：使用血压计测量收缩压和舒张压。

2. 模拟训练（两人合作：一人饰小刚，一人饰小明）

　　意识：小明轻轻拍打小刚的肩膀并大声呼叫对方名字，小刚按照小明的指示有目的地行动。

判断意识

呼吸：小刚平躺在地上，小明将双手放置在小刚的腹部或者是胸部，观察起伏次数，一起一伏为一次。8~14 岁儿童呼吸频率为 18~20 次 / 分，成人呼吸频率为 16~20 次 / 分。

观察呼吸

心率：小刚掌心向上放于桌面上，小明将示指、中指并拢放于小刚手腕大拇指一侧，感受搏动，或将手指放于小刚气管向左或向右移动两指（约 2 厘米）的距离触摸搏动。8~14 岁儿童心率为 70~90 次 / 分，成人心率为 60~100 次 / 分。

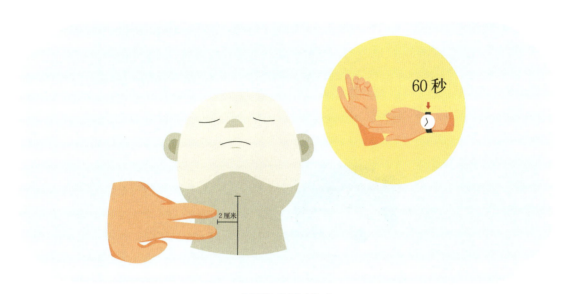

触摸动脉搏动

体温：将体温计水银端放置于一侧腋窝顶部，用上臂夹住体温计5分钟左右。正常读数为36~37℃。

测量体温

血压：小刚坐好后把袖子挽起，将测量的胳膊放在平台上，与心脏保持在一个水平面。小明将血压计（家庭使用，推荐电子血压计）袖带绑在肘窝上

2~3厘米的位置，松紧度以能伸入一到两个手指为宜，绑带连接的管路对准手心，点击、测量、读数。成人正常收缩压：90~140毫米汞柱，舒张压60~90毫米汞柱。不同年龄小儿血压正常值推算公式：收缩压（毫米汞柱）=80+（年龄×2）；舒张压为收缩压的2/3。

袖带中心与心脏保持在同一高度

放松手掌朝上

测血压

在评估生命体征时应注意以下几点。

（1）保持冷静，不要慌张；

（2）确保现场安全；

（3）保护对方的隐私和尊严；

（4）如有条件，及时拨打"120"急救电话。

启发思考

你能正确测量你的呼吸频率、心率、血压和体温吗？

25

能救命的"拥抱"——腹部冲击法

互动导入

　　小明和小林既是同班同学又是好朋友。下午放学后，两个人快速地整理好书包，小明从书包里摸出两粒水果糖要与小林分享。两个人将糖果包装纸一扯就塞进嘴里，然后兴奋地跑出教室。途中，小林突然满脸通红，双手捂住喉咙。小明看到小林面露痛苦之色，急得立即寻找卫生老师帮忙。卫生老师到达现场立即使用腹部冲击法，从后面抱住小林，两个拳头在他腹部用力挤压了两下，一颗伴着黏稠的液体、比枣核还大的硬糖果从他嘴里掉出。小林的脸色立刻红润了，大声哭了出来。

　　你有遇到过类似的情况吗？

知识点

1. 什么是腹部冲击法

　　腹部冲击法是美国医师亨利·海姆立克（Henry Heimlich）于 1974 年发明的一种用于呼吸道异物堵塞的快速急救手法。

2. 如何实施腹部冲击法

　　首先，向周围的人求助，帮助拨打"120"急救电话，争取在短时间内获得专业人员的帮助。

　　被救者如果意识清醒，施救时须让被救者保持站立位，上身前倾，头部略低，嘴巴要张开。施救者站在被救者身后，腿呈弓步状，前脚置于患者双脚间抵住被救者，两手臂环绕其腰部。右手握拳，大拇指和示指侧对准被救者的肚脐上两横指处。左手置于右手拳头的小拇指侧，并包裹住拳头。双手快速向

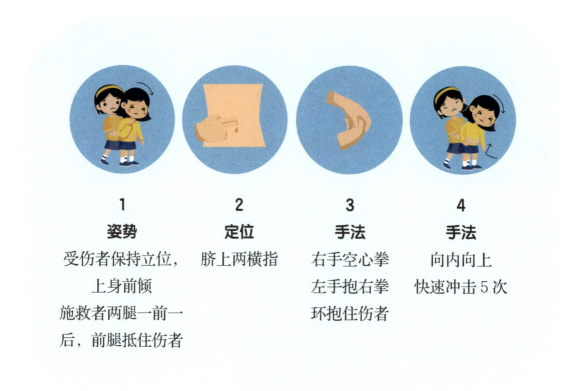

1
姿势
受伤者保持立位，
上身前倾
施救者两腿一前一
后，前腿抵住伤者

2
定位
脐上两横指

3
手法
右手空心拳
左手抱右拳
环抱住伤者

4
手法
向内向上
快速冲击5次

意识清醒者腹部冲击法

上、向内冲击其腹部，反复有节奏、有力地进行，直至呼吸道异物排出。

异物卡喉后，如果因窒息导致意识不清或无意识，应该立即将异物卡喉者平躺在坚固、平坦的地面上，进行心肺复苏。

 **启发思考**

呼吸道异物堵塞可能发生在任何人的身边，让我们一起复习一下腹部冲击法的操作方法吧！

26

溺水意外要预防

互动导入

　　夏天到了！小明盼望已久的暑假终于来了。这天，阳光灿烂，小明叫上朋友们一起跑到村外的小河边玩水。玩得正尽兴时，小明突然一脚踩空，哗地一下滑进了深水区！小明想喊救命，可刚张嘴，水就涌了进去。小伙伴们吓坏了，急忙冲岸上大喊："救命啊！"正巧被路过的一位叔叔听见了，只见他迅速跳进水里，几下就把小明拉了上来。死里逃生的小明坐在岸边，浑身发抖，吓得脸都白了。

知识点

1. 溺水危险知多少

　　溺水通常伴随着呼吸道阻塞、缺氧和急性肺损伤，缺氧导致的脑损伤或死亡可在几分钟内发生。

　　城市溺水不仅会发生在河流、公园的水池等场所，暴雨后城市中的积水也可能暗藏危险，道路上的排水口或不稳固的井盖都会增加溺水风险。

　　农村溺水多发生在野外的河流、池塘、水库等水域，这些地方常常缺少围栏或警示标志，水深难以判断，水底还可能有泥沙、植物或其他障碍物，增加溺水的风险。

2. 溺水施救小技能

　　（1）溺水后应如何自救：溺水时，首先要保持冷静，避免慌乱挣扎，以减少体力消耗。放松身体尝试仰面漂浮，让口鼻露出水面，保持呼吸顺畅，同时大声呼救，并轻微划动四肢维持漂浮。如果附近有木板、轮胎等漂浮物，尽

水深危险

量抓住，帮助自己漂浮，等待救援。当救援人员到达时，要放松身体，听从指示，避免紧抓救援者，以确保救援顺利进行。

错误　　　　　　　　　正确

溺水自救

（2）他人溺水后应如何施救：如果看到他人溺水，首先要大声呼喊，寻求成年人的帮助，不要自己贸然下水施救。拨打"110""119""120"等紧急求助电话。在确保自身安全的情况下，若身边有绳子、树枝、竹竿、救生圈等，可投掷给溺水者，待他们抓住后将其拉到安全的地方。

溺水如何施救

3. 预防溺水，要牢记"六不准"

不私自下水游泳；

不擅自与他人结伴游泳；

不在无家长或老师带领的情况下游泳；

不到无安全措施、无救援人员的水域游泳；

不到不熟悉的水域游泳；

不要擅自下水施救，更不要手拉手救人。

预防溺水的"六不准"，你记住了吗？

27 消毒产品正确用，勿触农药妥善放

互动导入

小华在家帮妈妈打扫卫生时，看到厨房角落有一瓶消毒液。小华听妈妈说，消毒液可以杀菌，让环境变得干净，于是好奇地打开瓶子，准备试试清洁地板。然而，刚刚打开，妈妈就急忙跑过来阻止了他："小华！消毒液是不能随便用的，它可能会伤害你的皮肤和眼睛！"

你有没有像小华一样，对消毒液和农药的使用感到困惑呢？

知识点

1. 消毒液有哪些潜在的危险

消毒液是日常生活中用来杀菌、消毒的一种化学产品，常见的消毒液有84消毒液、酒精消毒液等。如果直接接触皮肤，可能会引起皮肤过敏、红肿、瘙痒等不适。如果消毒液不小心进入眼睛，可能导致眼睛发红、疼痛，严重时甚至会损伤视力。在通风不良的环境中使用消毒液，呼吸道可能受到刺激，出现咳嗽、呼吸困难等症状。

2. 如何正确使用消毒液

（1）在老师或家长的指导下使用消毒液：注意不要让消毒液溅到眼睛、嘴巴或皮肤上。消毒后，要用干净的湿布再擦拭一遍，去除残留的消毒液。

（2）注意使用安全：不使用饮料瓶分装消毒液，如果分装须贴好标签。使用消毒液时要在通风良好的环境下，避免吸入过多刺激性气味。如果不小心将消毒液弄到眼睛里或皮肤上，要立即用大量清水冲洗，并及时告诉老师或家长。

消毒液勿触摸

3. 农药的潜在危害有哪些

农药是用来杀灭害虫、杂草等有害生物的一种化学药品。如果误食或吸入过量，可能会引发头痛、恶心、呕吐，甚至导致生命危险。农药接触皮肤或眼睛时，也可能引起红肿、瘙痒等症状，严重时甚至会导致烧伤。

4. 勿触农药妥善放

（1）不随意接触和喷洒农药：如果你在家里发现有农药，千万不要好奇尝试或玩耍。如果看到农民叔叔正在田里喷洒农药，不要靠近。

（2）妥善放置：分装瓶应做好标记，不将农药放进空饮料瓶中。

（3）避免接触农药残留：在接触新鲜的水果和蔬菜时，一定要清洗彻底。

（4）紧急情况处理：如果不小心接触到农药，要立即用大量清水冲洗接触部位，并立即告诉大人。如果出现中毒症状，如头痛、恶心、呕吐等，要立即就医。

分装瓶要做好标记，包括名称和日期等信息

不建议将消毒剂、农药等有害物品放入空饮料瓶

分装须标记

 **启发思考**

消毒液和农药有什么相似和不同之处呢？你会怎么做，来确保自己和家人能够安全地使用这些化学品？

同学们，想一想，通过本书的学习，你学到了哪些健康知识，养成了哪些健康生活方式？

让我们一起争做自己健康的"第一责任人"吧！